Arte y cultura

Mardi Gras

Resta

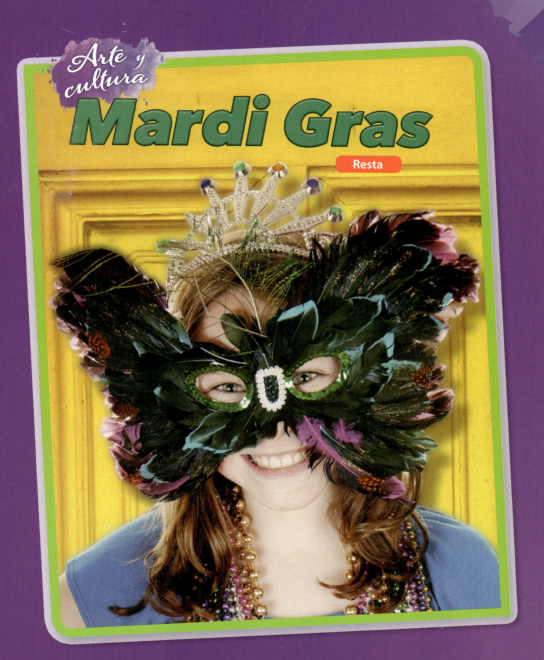

Jennifer Prior, Ph.D.

Asesora

Lorrie McConnell, M.A.
Especialista de capacitación profesional TK–12
Moreno Valley USD, CA

Créditos de publicación

Rachelle Cracchiolo, M.S.Ed., *Editora comercial*
Conni Medina, M.A.Ed., *Gerente editorial*
Dona Herweck Rice, *Realizadora de la serie*
Emily R. Smith, M.A.Ed., *Realizadora de la serie*
Diana Kenney, M.A.Ed., NBCT, *Directora de contenido*
June Kikuchi, *Directora de contenido*
Caroline Gasca, M.S.Ed., *Editora superior*
Stacy Monsman, M.A., *Editora*
Michelle Jovin, M.A., *Editora asociada*
Sam Morales, M.A., *Editor asociado*
Fabiola Sepúlveda, *Diseñadora gráfica*
Jill Malcolm, *Diseñadora gráfica básica*

Créditos de imágenes: pág.5 Flory/iStock; págs.8–9 Photoservice/iStock; pág.10 Pictorial Press Ltd/Alamy; pág.17 JeffG/Alamy; pág.18 Rosa Irene Betancourt/Alamy; pág.24 Brian J. Abela/Shutterstock; pág.25 Nicole Weaver/Alamy; pág.26 Mandoga Media/Alamy; págs.27, 31 Global Pics/iStock; las demás imágenes de iStock y/o Shutterstock.

Todas las empresas y los productos mencionados en este libro son marcas registradas de sus respectivos propietarios o creadores y solo se utilizan con fines editoriales; el autor y la editorial no persiguen fines comerciales con su uso.

Esta es una obra de ficción. Los personajes, las compañías, los sucesos y los incidentes mencionados son producto de la imaginación de la autora o se han utilizado de manera ficticia. Cualquier semejanza con personas verdaderas, vivas o muertas, o con sucesos reales, es mera coincidencia.

Library of Congress Cataloging-in-Publication Data

Names: Prior, Jennifer Overend, 1963- author.
Title: Arte y cultura : Mardi Gras : resta / Jennifer Prior.
Other titles: Art and culture. Spanish
Description: Huntington Beach : Teacher Created Materials, 2018. | Includes index. |
Identifiers: LCCN 2018007594 (print) | LCCN 2018009869 (ebook) | ISBN 9781425823276 (ebook) | ISBN 9781425828653 (pbk.)
Subjects: LCSH: Carnival--Louisiana--New Orleans--Juvenile literature.
Classification: LCC GT4211.N4 (ebook) | LCC GT4211.N4 P7518 2018 (print) | DDC 394.25--dc23
LC record available at https://lccn.loc.gov/2018007594

Teacher Created Materials

5301 Oceanus Drive
Huntington Beach, CA 92649-1030
www.tcmpub.com

ISBN 978-1-4258-2865-3
© 2019 Teacher Created Materials, Inc.
Printed in China
Nordica.072018.CA21800713

Contenido

¡A celebrar! 4

En camino 6

Color y diversión 14

Comida fantástica 20

Camino a casa 26

Resolución de problemas 28

Glosario 30

Índice 31

Soluciones 32

¡A celebrar!

¡Estoy muy contenta! Estoy empacando para un viaje con mi familia a Nueva Orleans. Iremos a Mardi Gras. Mi papá creció en Nueva Orleans. ¡Él piensa que Mardi Gras es la mejor fiesta del mundo!

—Papá —digo mientras cargamos nuestras maletas en el automóvil—. ¿Me puedes enseñar más sobre Mardi Gras?

—Por supuesto —responde él.

Me siento y me preparo para aprender todo sobre este **festival** divertido.

En los desfiles de Mardi Gras se ven colores brillantes y divertidos.

En camino

El automóvil está cargado, ¡y vamos en camino!

—Primero —comienza mi papá—, debes conocer la razón del festival.

Mi papá me cuenta sobre un tiempo religioso del año llamado Cuaresma. Es cuando muchos cristianos renuncian a algo. Mi papá dice que algunos pueden renunciar al helado o a la comida rápida. Prometen no comer esas cosas durante 40 días. Así que, antes de que comience la Cuaresma, las personas celebran comiendo todo lo que pueden.

—Así es como Mardi Gras recibió su nombre —continúa mi papá—. *Mardi Gras* significa "martes gordo" en francés. Las personas comen y se divierten todo lo que quieren antes de que comience la Cuaresma.

En Polonia, se suelen comer pasteles esponjosos llamados *paczki* (póunt-chki) antes del comienzo de la Cuaresma.

EXPLOREMOS LAS MATEMÁTICAS

¡Estoy tan emocionada por llegar a Nueva Orleans! Mi mamá me pide llevar un control de nuestra ubicación.

1. Mi mamá me dice que tenemos que viajar 98 kilómetros. Si conducimos 42 kilómetros antes de parar para almorzar, ¿cuántos kilómetros más tenemos que viajar? Usa el modelo parte-parte-entero para hallar la solución.

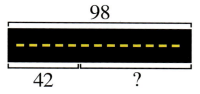

2. ¿Tu respuesta es razonable? ¿Cómo lo sabes?

   Al llegar a Nueva Orleans, quedo fascinada. ¡Los trajes son tan llamativos! Y todos parecen estar divirtiéndose mucho. Le digo a mi mamá que parece que hubiera un carnaval en la calle.

   —Tienes razón —responde—. En Estados Unidos, tenemos Mardi Gras. Pero las personas en todo el mundo tienen sus propias celebraciones. Algunos las llaman carnaval. Mardi Gras comienza unos dos meses después de Navidad. Termina el día anterior al comienzo de la Cuaresma.

El Barrio Francés de Nueva Orleans es famoso por sus fiestas de Mardi Gras.

Mientras caminamos por las calles veo una pila de folletos. Tomo uno al pasar. En la parte superior dice: "Historia de Mardi Gras". Lo abro rápido, **ansiosa** por saber más.

Leo que el festival de Mardi Gras de Nueva Orleans es el más grande del país. Pero no comenzó aquí. Vino de Europa. Los franceses vinieron a Luisiana en 1699. Sus barcos llegaron el día anterior al carnaval. Así que hicieron una pequeña fiesta. Ese fue el primer Mardi Gras del país. Con los años, se hizo cada vez más grande. ¡Ahora es una fiesta enorme!

René-Robert Cavelier fue el explorador que llegó a Luisiana y dijo que esa tierra pertenecía a Francia.

mapa de Francia

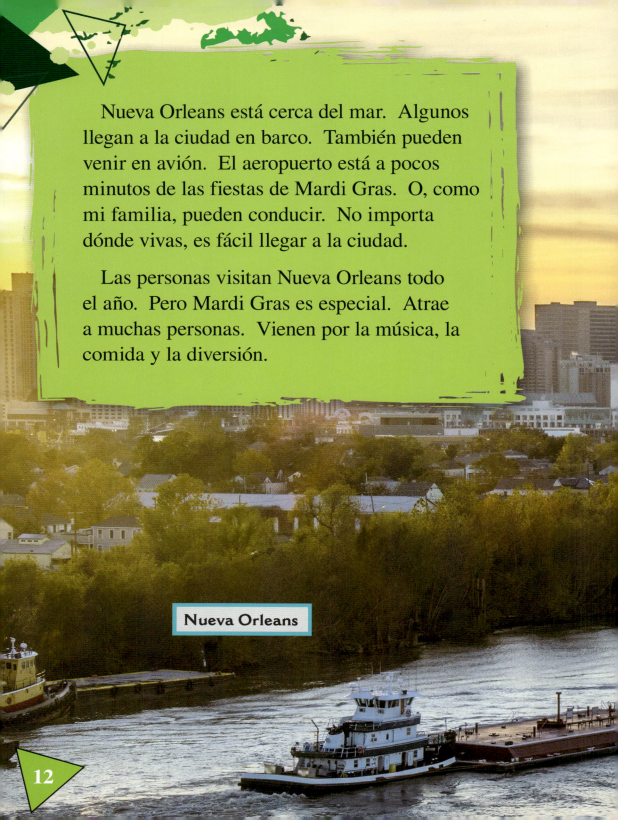

Nueva Orleans está cerca del mar. Algunos llegan a la ciudad en barco. También pueden venir en avión. El aeropuerto está a pocos minutos de las fiestas de Mardi Gras. O, como mi familia, pueden conducir. No importa dónde vivas, es fácil llegar a la ciudad.

Las personas visitan Nueva Orleans todo el año. Pero Mardi Gras es especial. Atrae a muchas personas. Vienen por la música, la comida y la diversión.

Nueva Orleans

Color y diversión

Mientras disfrutamos de la vista y los sonidos de Nueva Orleans, mi papá me cuenta más sobre Mardi Gras.

—Hay muchas **tradiciones** de Mardi Gras —dice—. Hay largos desfiles que recorren las calles. La mayoría de las personas usan trajes y máscaras. Se come mucho. Y, por supuesto, ¡todo es brillante y colorido!

Mi papá tiene razón. Veo mucho color morado, verde y dorado. Esos son los colores de Mardi Gras. El morado representa la justicia, o ser justos. El verde representa la fe. El dorado representa el poder. Decido usar algo morado para el desfile.

EXPLOREMOS LAS MATEMÁTICAS

Mientras caminamos, entramos en una tienda para comprar cosas para el desfile. Elegimos monedas brillantes y pequeños dijes de plástico, como collares y llaveros.

1. Yo elijo 35 dijes. Mi papá me da algunos más. Ahora tengo 57 dijes. ¿Cuántos dijes me dio mi papá? Dibuja una recta numérica abierta similar a la que aparece abajo. Úsala para hallar la solución.

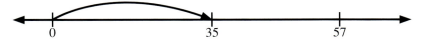

2. Yo elijo 28 monedas. Le doy 7 monedas a mi papá. Luego, le doy 8 monedas a mi mamá. ¿Cuántas monedas tengo ahora?

desfile de Mardi Gras

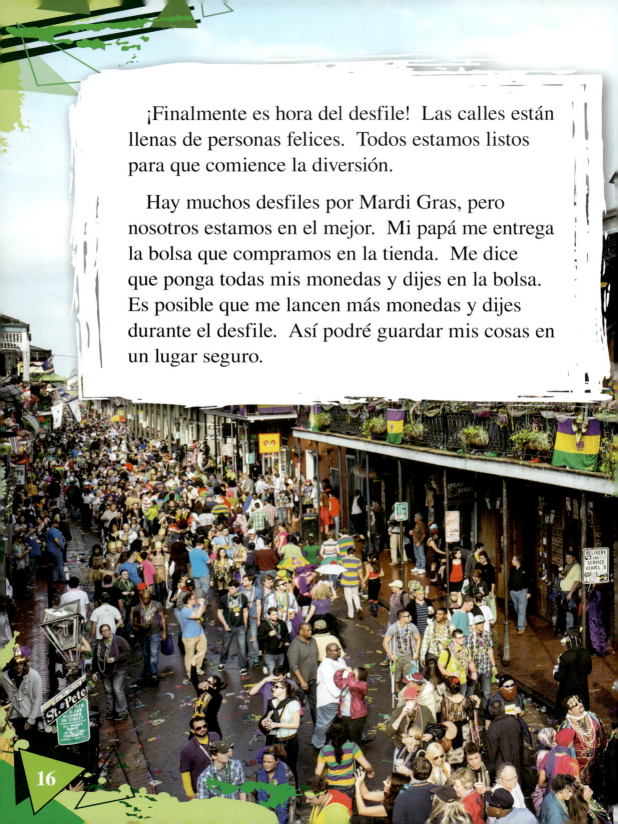

¡Finalmente es hora del desfile! Las calles están llenas de personas felices. Todos estamos listos para que comience la diversión.

Hay muchos desfiles por Mardi Gras, pero nosotros estamos en el mejor. Mi papá me entrega la bolsa que compramos en la tienda. Me dice que ponga todas mis monedas y dijes en la bolsa. Es posible que me lancen más monedas y dijes durante el desfile. Así podré guardar mis cosas en un lugar seguro.

Las personas usan máscaras, colores brillantes y pintura en el rostro en los desfiles de Mardi Gras.

En el desfile, me veo bien con mi camiseta morada. Luego, vamos a la tienda de máscaras. Mi mamá me compra una máscara morada y verde. ¡Ahora en verdad soy parte de la fiesta!

Mardi Gras y las máscaras van de la mano. La tradición comenzó hace mucho. En aquel entonces, las personas se dividían en **clases**, o grupos, según cuánto dinero tenían. Las personas de las clases altas no **interactuaban** con personas de las clases más bajas. Las máscaras cambiaron eso. Hicieron que las personas se vieran igual. Hoy en día, las máscaras son solo parte de la diversión.

EXPLOREMOS LAS MATEMÁTICAS

En la tienda de máscaras, el vendedor me dice que hay 64 máscaras en la pared. Mi mamá cuenta 42 máscaras con plumas. ¿Cuántas máscaras no tienen plumas? Usa el modelo para escribir una ecuación y hallar la solución.

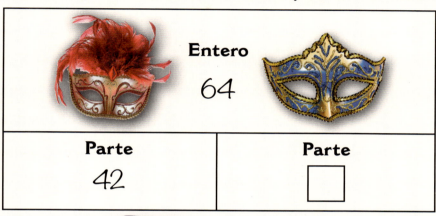

Comida fantástica

Después del desfile, es hora de cenar. La comida es una parte importante de Mardi Gras. Yo pido cangrejos de río. ¡Son deliciosos! Mi mamá y mi papá comen sándwiches llamados *muffulettas*. ¡Estos sándwiches redondos son gigantes! Son una tradición de Mardi Gras. De postre, quiero pedir *beignets* (be-ñe). Pero mi papá me dice que espere. Ya eligió nuestro postre: una delicia llamada rosca de Reyes.

un sándwich muffuletta

cangrejos de río cocidos

¡La rosca de Reyes es tan sabrosa! El pastel tiene forma de círculo, como una corona. Está cubierto con azúcar morada, verde y dorada. El azúcar brilla como joyas.

El exterior del pastel es brillante y hermoso. Pero en su interior hay algo **único**. Dentro de cada uno hay un bebé de juguete de plástico. La persona que reciba el muñeco en un pedazo de pastel deberá organizar la próxima fiesta.

Este pedazo de rosca de Reyes tiene el bebé de juguete.

EXPLOREMOS LAS MATEMÁTICAS

Después de comer la rosca de Reyes, mi papá compra algunos *beignets* para que los comamos después. La rosca de Reyes cuesta $15. Los *beignets* cuestan $9 menos. ¿Cuánto cuestan la rosca de Reyes y los *beignets* en total? Explica tu razonamiento usando dibujos y ecuaciones.

beignets

23

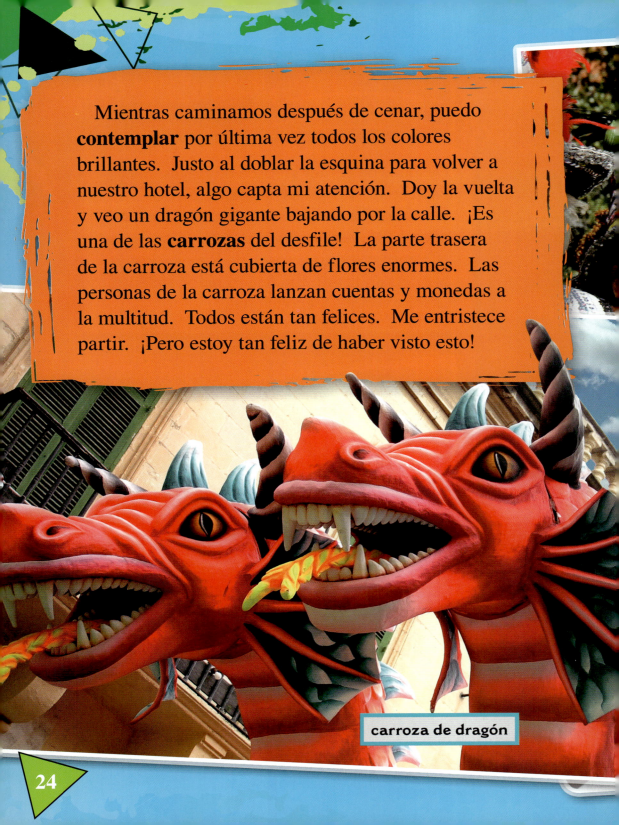

Mientras caminamos después de cenar, puedo **contemplar** por última vez todos los colores brillantes. Justo al doblar la esquina para volver a nuestro hotel, algo capta mi atención. Doy la vuelta y veo un dragón gigante bajando por la calle. ¡Es una de las **carrozas** del desfile! La parte trasera de la carroza está cubierta de flores enormes. Las personas de la carroza lanzan cuentas y monedas a la multitud. Todos están tan felices. Me entristece partir. ¡Pero estoy tan feliz de haber visto esto!

carroza de dragón

La música es una parte importante de toda celebración de Mardi Gras.

Camino a casa

Después de un viaje divertido, es hora de volver a casa. Me despido con la mano de Nueva Orleans mientras nos alejamos. Camino a casa, les cuento a mamá y papá todo lo que aprendí.

—¿Sabían que Mardi Gras es una festividad en Brasil? —les pregunto—. Y las personas en Dinamarca y Francia también lo celebran.

Paso el resto del viaje en auto contándoles a mis padres datos curiosos sobre Mardi Gras. Espero que si les cuento lo suficiente, ¡me traigan de vuelta el año próximo!

Una mujer vestida de pájaro en un desfile de Mardi Gras en Francia.

Una mujer viste colores brillantes en un desfile de Mardi Gras en Brasil.

Resolución de problemas

Comer cangrejo de río es algo importante en Luisiana. Mi papá nos cuenta que de niño comía cangrejo de río a menudo. Así que mi mamá dice que deberíamos hacer una competencia comiendo cangrejo de río. Llevamos el control de cuántos comemos durante el viaje. Responde las preguntas para hallar los resultados. Usa dibujos y ecuaciones para explicar tu razonamiento.

1. Un día, en el almuerzo, mamá tenía 8 cangrejos de río en su cubeta. El mesero puso 10 más dentro de la cubeta. Mamá comió algunos. Luego, había 6 cangrejos de río en la cubeta. ¿Cuántos cangrejos de río comió mamá en el almuerzo?

2. En la última noche del viaje, papá comió 15 cangrejos de río. Dijo: "¡Con eso llego a un total de 53!". ¿Cuántos cangrejos de río comió papá antes de esta comida?

3. Durante todo el viaje, yo comí 38 cangrejos de río. Papá comió 53 cangrejos de río. ¿Cuántos cangrejos de río menos que papá comí yo?

4. Yo comí 9 cangrejos de río más que mamá. ¿Cuántos cangrejos de río comió mamá?

29

Glosario

ansiosa: con mucho interés y entusiasmo

carrozas: vehículos que llevan cosas y personas en los desfiles

clases: grupos de personas que viven en una comunidad y que ganan la misma cantidad de dinero

contemplar: mirar algo fijamente

festival: un tiempo o evento especial en el que las personas se reúnen para celebrar

interactuaban: hablaban o hacían cosas con los demás

tradiciones: maneras de pensar, actuar o hacer cosas que han sido usadas por grupos de personas durante mucho tiempo

único: que no se parece a nada